Karl Rahner

Kirche der Sünder

Karl Rahner

Kirche der Sünder

Mit einem Geleitwort von
Karl Kardinal Lehmann

herausgegeben von
Andreas R. Batlogg und Albert Raffelt

FREIBURG · BASEL · WIEN

© Verlag Herder GmbH, Freiburg im Breisgau 2011
Alle Rechte vorbehalten
www.herder.de
Einband: Finken & Bumiller, Stuttgart
Satz: SatzWeise, Föhren
Herstellung: fgb · freiburger graphische betriebe
www.fgb.de
Gedruckt auf umweltfreundlichem,
chlorfrei gebleichtem Papier
Printed in Germany
ISBN 978-3-451-34060-4

Inhalt

Geleitwort

Wer sich heute in der Kirche engagiert, wer Glauben nicht zur Privatsache erklärt, sondern Antworten auf die großen Fragen des Lebens zusammen mit anderen sucht und sich dabei von der Heiligen Schrift, der Tradition und der Kirche etwas sagen lässt, ist oft bitter enttäuscht, ja entsetzt über das, was in den letzten Monaten geradezu lawinenartig ans Tageslicht gekommen ist: da eine Schule, dort ein Kloster, da ein Chor, dort ein Erziehungsheim. Priester sowie männliche und weibliche Ordensleute haben sich schuldig gemacht.

Sexueller Missbrauch und sexualisierte Gewalt an Kindern und Schutzbefohlenen ist ein schweres Verbrechen. Es wiegt doppelt schwer, wenn Geistliche die Täter sind. Die Skandale belasten das Image der Kirche. Aber es geht am Ende nicht um „den guten Ruf" von Papst und Bischöfen. Dramatischer ist, dass letztlich viele enttäuscht sind, die sich eine integre Kirche wünschen: „Die Hypothek lebenslänglicher Traumatisierungen lastet schwer auf der Kirche und ihren

Priestern."[1] Die Aufarbeitung der oft Jahrzehnte zurückliegenden Vorkommnisse wird die Kirche auf Jahre hinaus beschäftigen. Vieles ist inzwischen geschehen, vieles muss noch geschehen[2].

Die Erfahrung, dass die Kirche heilig und sündig zugleich ist, zieht sich durch die Kirchengeschichte wie das Amen im Gebet. Heilig und makellos soll die Kirche sein. Und sie ist es. Doch gibt es auch andere Seiten. Schon die Kirchenväter hatten den wachen Blick dafür, dass es auch innerhalb der Kirche Sünde und Sünder gibt. Nicht anonyme Strukturen sind gemeint, sondern Menschen: Priester, Ordenschristen, Bischöfe, Päpste. Ihre Sünden verdunkeln das Bild von Kirche oder schädigen es – nachhaltig. Viele Priester sehen sich heute einem Generalverdacht ausgesetzt. Manche gehen deswegen auf Distanz. Seelsorge geschieht aber nicht mit verschränkten Armen

---

[1] A. R. Batlogg, Priester auf Distanz?, in: Stimmen der Zeit 228 (2010), S. 361–362, hier 361.
[2] Vgl. H. Zollner, Missbrauch – Hat die Kirche dazugelernt?, in: Stimmen der Zeit 228 (2010), S. 793–794.

oder aus der Beobachterrolle heraus[3]. Menschliche Nähe im seelsorglichen und erzieherischen Handeln ist unverzichtbar. Hier ist ein neues Nachdenken nötig. Hysterie oder Panikmache führen zu nichts, genauso wie pauschale Schuldzuweisungen nicht weiterhelfen, etwa in Richtung Medien – so als ob diese die Skandale erfunden hätten.

Am Gründonnerstag 2010 habe ich in der Frankfurter Allgemeinen Zeitung in einem ganzseitigen Beitrag versucht, vor dem Hintergrund der bedauerlichen Skandalwelle in der Kirche beide Aspekte auszuloten: „Kirche der Sünder, Kirche der Heiligen"[4]. Der Trierer Bischof Stephan Ackermann, der von der Deutschen Bischofskonferenz zum Beauftragten für Fälle sexuellen Missbrauchs ernannt wurde, hat sich im Juni 2010 ebenfalls zu dem Thema geäußert[5].

---

[3] Vgl. schon früh: A. R. Batlogg, Priester unter Generalverdacht?, in: Stimmen der Zeit 220 (2002), S. 433–434.
[4] Vgl. K. Lehmann, Kirche der Sünder, Kirche der Heiligen, in: Frankfurter Allgemeiner Zeitung, 1. 4. 2010, S. 6.
[5] Vgl. St. Ackermann, „Sancta simul et semper purifican-

So begrüße ich es außerordentlich, dass meine beiden Kollegen im Herausgebergremium der „Sämtlichen Werke" Karl Rahners, P. Dr. Andreas R. Batlogg SJ und Prof. Dr. Albert Raffelt, einen einschlägigen Vortrag Karl Rahners neu und ansprechend zugänglich machen, von dem wir vielleicht lernen können.

Die Frage über „Kirche der Sünder" oder auch „sündige Kirche" wurde beim Zweiten Vatikanischen Konzil intensiv diskutiert[6]. Es kam zu keiner eindeutigen Aussage (vgl. vor allem „Lumen gentium", Art. 8). Karl Rahner hat noch während des Konzils, als die Kirchenkonstitution im November 1964 verabschiedet und verkündigt worden war, für das zweibändige Sammelwerk von

---

da". Anmerkungen zur Heiligkeit und Sündigkeit der Kirche, in: Una Sancta 65 (2010), S. 234–241, vgl. schon seine Dissertation: Kirche als Person. Zur ekklesiologischen Relevanz des personal-symbolischen Verständnisses der Kirche. Würzburg 2001 (Studien zur systematischen und spirituellen Theologie. 31), bes. S. 38–44, 277–279, 339–344.
[6] Vgl. nur die Rede des Bischofs von Eisenstadt: St. László, Die Sünde in der heiligen Kirche Gottes, in: Y. Congar – H. Küng – D. O. Hanlon, Konzilsreden. Einsiedeln 1964, S. 35–38.

Guilherme Baraúna „De Ecclesia" (Freiburg 1966) den umfangreichen Artikel „Die Kirche in der Sünde" (Bd. 1, S. 346–362) vorbereitet, der dann in einer erneuten Bearbeitung unter dem geänderten Titel „Sündige Kirche nach den Dekreten des Zweiten Vatikanischen Konzils" in Karl Rahners „Schriften zur Theologie" VI (Einsiedeln 1965, S. 321–345) aufgenommen wurde. Ich habe ihm als damaliger Assistent den Vorschlag gemacht, die kleine Veröffentlichung „Kirche der Sünder" von 1947/48 darin aufzunehmen. Er sträubte sich anfänglich dagegen, schließlich stimmte er mir zu. Ich fand in diesem früheren Text eine wertvolle Ergänzung: spirituell anziehend, gut geschrieben, frei von zu viel Ballast, der in der weiteren wissenschaftlichen Arbeit freilich notwendig war.

Auch wenn nun der 1947 erstmals veröffentlichte Vortrag über 60 Jahre alt ist: An der traurigen Erkenntnis, dass es Missstände in der Kirche gibt, dass Dinge geschehen, die nicht passieren dürften, hat sich leider nichts geändert. Aber es lohnt, sich in die Beobachtungen und Erfahrungen des Jesuitentheologen zu vertiefen und in diesen Text hineinzulesen. Denn er birgt Erkenntnisse, für die wir Heutigen dankbar sein können.

Mainz, am 4. November 2010

Karl Kardinal Lehmann

Kirche der Sünder

*I*n der katholischen Dogmatik wird das Thema von der „Kirche der Sünder" meist nur sehr flüchtig behandelt. Es gibt auch wirklich über die Kirche viel Wichtigeres und Herrlicheres zu sagen. Die Tatsache, daß die Kirche eine Kirche der Sünder ist, steht vielleicht schon darum nicht sehr im Vordergrund des theologischen Interesses, weil sie nur zu deutlich eine Alltagserfahrung ist. Trotzdem ist dieses Thema sachlich von großer Bedeutung in der Lehre von der Kirche, nicht nur weil es hier um eine der qualvollsten Fragen der Kirchentheologie im Laufe der Dogmengeschichte geht, sondern auch, weil diese Frage von solcher Tragweite für das Glaubensleben des Einzelnen ist; endlich aber auch deswegen, weil die Frage hier gar nicht als eine Frage der alltäglichen und vordergründigen Erfahrung gemeint ist, sondern als eine dogmatische, eine Frage also, die von der Offenbarung Gottes aus und nicht von der vorlauten und selbst so fragwürdigen und sündig verzerrten Erfahrung des Menschen her beantwortet werden will.

Wir sagten, es geht hier um eine Frage der Qual in der ganzen Geschichte der Lehre der Kirche. Immer hat die Christenheit bekannt: Ich glaube an die heilige Kirche. Und immer wieder erhob sich im Lauf der Geschichte die Frage, wo denn diese Kirche ist, die da von sich selbst so zuversichtlich erklärt, sie sei eine heilige Kirche, jene Kirche also, auf der ein Glanz der Heiligkeit Gottes selbst ruhe. Immer wieder ist mit Berufung auf diesen Artikel des Glaubensbekenntnisses die konkrete Kirche als die sündige abgelehnt worden; immer wieder wurde irgendeine neue als die wahre, die heilige Kirche gegründet und als die richtige Kirche Gottes und seines Christus erklärt. Schon Tertullian behauptete, die Großkirche seiner Zeit sei nicht die wahre Kirche des Geistes und der Geistmenschen, sondern ein Hurenhaus, weil sie die Ehebrecher nicht ein für allemal aus ihrer Gemeinschaft ausschließe. Ähnlich dachten und lehrten der Montanismus und Novatianismus des dritten Jahrhunderts, der Donatismus zur Zeit Augustins, der Messalianismus und andere häretische Strömungen im Mönchtum, Bewegungen wie die der Katharer, des Spiritualismus eines Joachim von Fiore, der Spiritualen unter den Franziskanern, des Hussitentums im Mittelalter. Sie alle wollten eine „heilige" anstelle der unheiligen Kirche ihrer Zeit. Und selbst die Reformatoren des 16. Jahrhunderts, die doch so eindringlich die Sündigkeit und Verderbtheit des Menschen lehrten, bestritten ein gut Teil ihres Kampfes gegen die katholische Kirche mit den Anklagen gegen das verderbte Papsttum und die Unheiligkeit der Kirche ganz allgemein.

Auch im Leben des Einzelmenschen spielt das Erlebnis der unheiligen Kirche in der inneren Auseinandersetzung mit seinem Glauben fast immer eine bedeutsame Rolle. Wenn sich irgendwo Anklagen gegen die „Pfaffen" erheben, was wird ihnen dann meist anderes vorgeworfen, als daß ihr Leben im Widerspruch stehe zu dem, was sie predigen? Was wird öfter gesagt, als daß die Kirchenchristen auch nicht besser seien als die anderen, daß auch die Kirche versagt habe? Und diese Vorwürfe und die Anfechtungen des Glaubens, die daraus erwachsen, haben, rein menschlich gesehen, gar nicht so unrecht. Da steht die Kirche, und sie erklärt sich als notwendig zum Heil, sie tritt auf im Namen des einen heiligen Gottes, sie erklärt sich im Besitz aller Wahrheit und Gnade, sie will die einzige Arche des Heils in der Sintflut der Sünde und des Verderbens sein, sie glaubt alle bekehren und retten zu müssen. Und eben diese Kirche, die mit solchen Ansprüchen auftritt, diese Kirche, heißt es, schaut sie doch an, wie sie mit zweierlei Maß zu messen scheint: sie verkündet den armen, geplagten Menschen die Bergpredigt mit ihren „unmöglichen" Forderungen, aber ihre amtlichen Vertreter scheinen sich für ihre Person mit diesen Forderungen recht billig verglichen zu haben. Scheinen sie nicht alle recht gemütlich zu leben? Sind sie nicht oft geldgierig oder anmaßend oder aufgeblasen? Gibt es nicht immer wieder Skandale bis in die Reihen ihrer Orden hinein, deren Aufgabe es doch ist, nach Heiligkeit und Vollkommenheit zu streben? Sind die schlechten Päpste denn bloß ein Schlagwort, oder sind sie nicht eine geschichtliche Tatsache? Und wurden nicht auch ihre heiligsten Dinge immer wieder da und dort zur Sünde mißbraucht: der Beichtstuhl und die Sakramente überhaupt, der Anspruch des Papsttums zu durchsichtigen politischen Zwecken usw.? Daß wir – so fährt diese Klage oder Anklage fort – daß wir alle Menschen sind, das ist ja nicht verwunderlich; und daß auch die Menschen der Kirche, auch ihre amtlichen Vertreter Menschen und Sünder sind, das ist an sich weiter auch nicht verwunderlich. Wenn es sich nur darum handelte, dann wäre es natürlich ungerecht, die Winkel der Kirchengeschichte nach den Sünden der Kirche zu durchforschen, aber – die Kirche will ja selbst wesentlich mehr sein als eine menschliche Organisation, in der es unvermeidlich oft auch menschlich und sehr menschlich zugeht. Sie will ja die Platzhalterin des heiligen Gottes in der Welt sein, die heilige Kirche; sie behauptet sogar, daß sie durch ihre „hervorragende Heiligkeit und ihre unerschöpfliche Fruchtbarkeit in allem Guten" in sich selbst ein großer und beständiger Beweggrund der Glaubwürdigkeit und ein unwiderlegliches Zeugnis ihrer göttlichen Sendung sei (1. Vatikan. Konzil; DS 3013). Hier eben setzt der Widerspruch ein: wäre die Kirche bescheidener – so lautet der ewige Einwand des Unglaubens –, dann könnte man ihr gegenüber milde sein und ihr alles verzeihen, was wir auch uns selbst verzeihen. Weil sie sich aber als die heilige erklärt, muß sie sich auch gefallen lassen, daß man ihr Leben und ihre Geschichte mit Maßstäben mißt, die über das Menschliche hinausgehen. Und was dann? Ist der Anspruch auf Heiligkeit, den sie erhebt, dann nicht eine einzige Anmaßung, die gerade das Gegenteil des maßlosen Anspruchs beweist?

Noch von einer dritten Seite her, so sagten wir, ist unser Thema von Bedeutung. Es handelt sich für uns gar nicht um die Frage, wie wir als Christen, die an die Heiligkeit der Kirche glauben, mit der *rein menschlichen* Erfahrung von der Unheiligkeit der Kirche fertig werden. Es ist vielmehr die dogmatische Frage gemeint: was nämlich die Offenbarung selbst zur Unheiligkeit der Kirche sagt. Mit anderen Worten: wir wollen nicht die Stimme der empörten Menschheit hören (wir wissen vielleicht wieder besser als frühere Zeiten, daß eine solche „öffentliche Meinung" auch bei ziemlicher Einmütigkeit eine sehr problematische Sache ist, und daß gewöhnlich jeder *die* Erfahrung macht, die seinen Wünschen entspricht), sondern wir wollen das Selbstzeugnis der Kirche von ihrer eigenen Unheiligkeit vernehmen. Denn die Tatsache von der Kirche der Sünder ist selbst ein Stück des Glaubensbewußtseins der Kirche. Wenn nämlich jemand in einem allzu oberflächlichen Optimismus die Kirche für durchaus „heilig" hielte, dann würde die Kirche nicht sagen: Gott sei Dank, endlich einmal jemand, der mich gerecht beurteilt, sondern sie müßte ihm geradezu sagen:

Du bist ein Häretiker, und die Wahrheit über mich ist nicht in dir; deine Milde ist vom Bösen, und du hast nicht begriffen, was der Geist Gottes denkt, weder über jene Heiligkeit, die er mir, der heiligen, wirklich geschenkt hat, noch über jene Heiligkeit, die ich, die unheilige Kirche der Sünder, eben nicht habe; du hast jene Heiligkeit, die du haben solltest, nicht in dir, sonst könntest du sie nicht in mir zu finden glauben, so wenig wie jener, der mich enttäuscht anklagt, weil ich sie tatsächlich nicht habe.

Zwei Dinge stehen demnach zur Frage: die Kirche der Sünder und: der sündige Mensch vor der heiligen Kirche der Sünder.

I.

Die Kirche Gottes und seines Christus ist eine Kirche der Sünder. Was damit gemeint ist, sei in zwei Gedankengruppen dargelegt: die Sünder in der Kirche; die sündige Kirche.

1. *Die Sünder in der Kirche.* Es ist eine Glaubenslehre, daß die Sünder zur Kirche gehören. Selbst Sünder, die verlorengehen, können wahrhaft und wirklich zur Kirche gehören. Eine Glaubenswahrheit, die die Kirche immer wieder gelehrt hat, in der Väterzeit gegen den Montanismus, Novatianismus, Donatismus, im Mittelalter gegen die Albigenser, gegen die Fraticellen, gegen Wiclif und Hus, in der Neuzeit gegen die Reformatoren, gegen den Jansenismus und die Synode von Pistoia. Der Satz, daß die Sünder, die der Gnade Beraubten oder die von Gott als verlorengehend Vorausgewußten, nicht zur Kirche gehören, ist eine eigentliche und endgültig von der Kirche verworfene Häresie. Sagen wir nicht vorschnell: das ist doch eine Selbstverständlichkeit, an der nur ein Phantast zweifeln könnte. Das ist an sich gar keine Selbstverständlichkeit. Selbstverständlich ist das eine: es gibt eine bürgerliche „Religionsgesellschaft", genannt katholische Kirche, und zu ihr gehören laut Ausweis des Standesamtes nicht nur Leute, von denen man behaupten kann, daß sie in

einem sehr bürgerlichen und oberflächlichen Sinn „Ehrenmänner" sind, die noch nicht „vorbestraft" sind, die man vielleicht als Muster der Tugend aufstellen kann, ja die man schließlich (wenn man einmal zu einem so volltönenden Titel greifen will) als Heilige bezeichnen könnte. Das freilich ist sehr selbstverständlich; aber damit ist weder das getroffen, was in diesem katholischen Dogma mit dem Wort „Kirche" gemeint ist, noch, was man mit dem Wort „Sünder" gemeint hat. Denn Kirche heißt in diesem Zusammenhang die Sichtbarkeit, die sakramentale Zeichenhaftigkeit und Gegenwart Gottes und seiner Gnade in der Welt, heißt geschichtliche Leibhaftigkeit Christi im Hier und Jetzt der Welt, bis er wiederkommen und in seiner Gottesherrlichkeit „erscheinen" wird; Kirche heißt hier das Menschliche, das zwar unvermischt, aber auch ungetrennt mit dem Göttlichen verbunden ist. Und „Sünder in der Kirche" bedeutet hier nicht einen Menschen, der mit dem Strafgesetzbuch in Konflikt kommt (das kann ja selbst bei einem, der Gottes Liebling ist, einmal vorkommen), sondern „Sünder" heißt in diesem Glaubenssatz: Mensch, dem Gottes Gnade wirklich fehlt, heißt Mensch, der fern von Gott wandelt, Mensch mit einem Schicksal, das sich vielleicht mit unheimlicher Konsequenz zum ewigen Verderben hin entwickelt. Und *dieser* Sünder gehört zu *dieser* Kirche; er ist nicht nur in ihren bürgerlichen Amtsregistern eingetragen, sondern ist ihr Glied, ist ein Stück Sichtbarkeit der Gnade Gottes in der Welt, Glied am Leibe Christi! Ist das etwa selbstverständlich? Ist das etwas, was uns schon die Erfahrung so leicht und eindeutig sagt? Oder ist das nicht eine Wahrheit, die in ihrer Unbegreiflichkeit alles weit hinter sich läßt, was die Anklagen und Proteste des Unglaubens gegen die Unheiligkeit der Kirche vorbringen können?

Eben diese Offenbarungswahrheit ist aber in der Schrift und Überlieferung klar bezeugt. Mit dem Himmelreich verhält es sich wie mit einem Netz, das aus dem Meer der Welt gute und schlechte Fische heraufzieht. Erst am Gestade der Ewigkeit werden die Gerichtsengel am Ende dieser

Zeit die Bösen aus der Mitte der Guten aussondern und in den Feuerofen werfen (Mt 13,47–50). Am Hochzeitsmahl des Himmelreiches werden sich auch solche zu Tische setzen, die kein hochzeitliches Gewand anhaben und schließlich an Händen und Füßen gebunden hinausgeworfen werden (Mt 22,11 ff.). Die gleich den Jungfrauen auf die Ankunft des Bräutigams harren, haben lange nicht alle genügend Öl für ihre Lampen (Mt 25,1–13). Es gibt „Brüder", die durch Ungehorsam gegen die Kirche schließlich wie Heiden und öffentliche Sünder werden (Mt 18,17). Auch der über das Hausgesinde des Herrn gesetzte Knecht kann verworfen werden (Mt 24,45–51).

Was der Herr in diesen Bildern lehrte, bezeugen auch die Apostel: es gibt Sünder in der Kirche, Menschen, zu denen der Geist spricht: Ich kenne deine Werke; du hast den Namen, daß du lebst, doch du bist tot (Offb 3,1 f.). Das eben ist das Erschütternde: man hat wirklich den Namen des Lebens und ist doch tot.

Es fiel der Kirche der ersten Jahrhunderte

schwer genug, diese Glaubenswahrheit ohne Zittern zu fassen, und noch bei Augustinus, der für diese Frage dogmengeschichtlich im Kampf gegen den Donatismus von so großer Bedeutung geworden ist, ist es nicht immer ganz klar, ob er mit seiner Theorie von Weizen und Spreu und von den durcheinandergemischten Staaten Jerusalem und Babylon immer klar und entschieden die toten Glieder als wahre Glieder am mystischen Leib Christi betrachtet oder nur meint, die Grenzen zwischen diesen Staaten seien zwar immer schon eindeutig da, enthüllten sich aber erst am Ende der Zeiten. In dieser Hinsicht hat sich dann im Laufe der Zeit das Glaubensbewußtsein der Kirche weiter geklärt auf die Glaubenswahrheit hin: es gibt Sünder, und diese gehören zur Kirche. In der Kirche ist Sünde und Versagen. Und diese Sündigen und Versagenden sind ein Stück der Leiblichkeit und der Erscheinungsform jenes göttlichen Heils und jener göttlichen Gnade, die wir Kirche nennen.

Diese „Zugehörigkeit des Sünders zur Kirche"

freilich muß auch noch von einer anderen Seite gesehen, d. h. negativ abgegrenzt werden: Der Sünder gehört nicht in demselben vollen Sinn zur Kirche wie der Gerechtfertigte. Denn es ist zunächst einmal selbstverständlich, daß von einer Zugehörigkeit zur Kirche in allen Richtungen und Dimensionen geredet werden kann und muß, in denen die Kirche selbst sich erstreckt, und daß darum, wer in *einer* Dimension der Kirche nicht angehört, nicht im *vollen* Sinn als ihr Glied betrachtet werden kann. Nun betonen aber (um nur auf neuere lehramtliche Äußerungen der Kirche hinzuweisen) sowohl Leo XIII. in seiner Enzyklika „Satis cognitum" (1896) wie Pius XII. in der Enzyklika „Mystici Corporis Christi", daß es ein ekklesiologischer Nestorianismus und rationalistischer Naturalismus wäre, wollte man in der Kirche nichts sehen als eine äußere, rechtliche Organisation, bloß eine sichtbare Gesellschaft, eine „Konfession" im bürgerlich-gesellschaftlichen Sinn des Wortes. Sie ist vielmehr der lebendige Leib Christi, belebt vom Heiligen Geist Gottes, zu dessen Wirklichkeit das göttliche Leben, die Gnade, die Kraft des künftigen Äons gehören. Da nun aber der Sünder diesen Heiligen Geist nicht besitzt, ist es selbstverständlich, daß er auch nicht schlechthin zur Kirche in dem angedeuteten Vollsinn des Wortes „Kirche" gehört. Dieser Satz bedeutet keinen Widerspruch zu den früher angeführten Sätzen aus dem Dogma der Kirche, in denen der Sünder einfach zum Glied der Kirche erklärt wird. In jenen Sätzen ist „Kirche" eben doch im Sinne der äußeren Gesellschaft genommen; denn nur unter dieser Voraussetzung kann das Fehlen der inneren Begnadung im Sünder für seine Kirchengliedschaft belanglos sein.

Daß dieser Kirchenbegriff nicht im Widerspruch steht zu der eben erwähnten Lehre Leos XIII. und Pius' XII., ergibt sich aus folgenden Gedankengängen: Die Kirche hat gewissermaßen sakramentale Struktur. Im Sakrament ist aber zu unterscheiden zwischen dem sakramentalen Zeichen als solchem (und den Bedingungen seiner „Gültigkeit") einerseits und dem sakramentalen

Zeichen, insofern es tatsächlich die sakramentale Gnade bewirkt und von ihr erfüllt ist, anderseits. Beide Begriffe sind wohl auseinanderzuhalten; denn es kann unter Umständen ein „gültiges Sakrament" geben, das faktisch die Gnade im Sakramentsempfänger nicht bewirkt. Die Kirche ist nun gewissermaßen das Ursakrament; es muß daher bei ihr zwischen ihrer sichtbaren Leiblichkeit, insofern diese das Zeichen der Gnade ist, und der Leiblichkeit, insofern sie gnadenerfüllte Wirklichkeit ist, unterschieden werden und dementsprechend auch zwischen einer (bloß) „gültigen" und einer „fruchtbaren" Zugehörigkeit zur Kirche. Die erste Art der Zugehörigkeit zur Kirche hat der Sünder, die zweite nicht. Durch diese Unterscheidung wird aber die bleibende Zugehörigkeit des Sünders zur Kirche nicht etwa zu einer harmlosen Angelegenheit äußerer, kirchenrechtlicher Art herabgedrückt. Der Sünder gehört zwar noch zur Sichtbarkeit der Kirche, aber seine sichtbare Zugehörigkeit zur Kirche hat aufgehört, das wirksame Zeichen für seine unsichtbare Zugehörigkeit zur

Kirche als geistbelebter, heiliger Gemeinschaft zu sein. Der Sünder hat gewissermaßen dieses Zeichen zur Lüge gemacht (ähnlich wie wenn einer ein Sakrament gültig, aber unwürdig empfängt); denn er hat diese bleibende Zugehörigkeit zur Kirche des Sinnes und der Wirkung beraubt, auf die sie ihrer ganzen Natur nach eindeutig hingeordnet ist: der inneren, lebendigen Verbundenheit der Menschen mit Gott und untereinander im Heiligen Geist.

2. Damit kommen wir zur ausdrücklichen Feststellung dessen, was diese Glaubenslehre erst in ihrer ganzen Schärfe ausspricht: *Die Kirche ist sündig.* Man kann schon nach dem bisher Gesagten glaubensmäßig nicht mehr behaupten, daß es zwar „in" der Kirche als einer äußeren Konfessionsorganisation Sünder gebe, diese Tatsache aber keine Aussage über die Kirche selbst sei. Denn wir haben schon gesehen, daß diese Sünder wirklich nach der Lehre der Kirche Glieder, Teile, also Stücke der Sichtbarkeit der Kirche selbst sind. Das ist nun noch weiter zu verdeutlichen. Um das

klarer zu sehen, müssen wir zwei Dinge bedenken. Wenn wir nur sagen würden: Freilich gibt es Sünder in der Kirche, aber diese Tatsache hat mit der eigentlichen Kirche nichts zu tun, dann setzen wir einen idealistischen Begriff der Kirche voraus, der theologisch gesehen sehr fragwürdig ist. Kirche ist dann eine Idee, ein Ideal, etwas Seinsollendes, etwas, an das von der konkreten Wirklichkeit aus Berufung eingelegt werden kann, etwas das gleichsam nur asymptotisch in Annäherung langsam erreicht werden soll. So etwas kann man natürlich immer lieben, zu dem kann man sich bekennen, das ist etwas Unantastbares, von der Erbärmlichkeit des Alltags nie Berührtes. Aber das ist im theologischen Begriff der Kirche nicht eigentlich gemeint. In diesem Begriff ist die Kirche etwas Reales: es ist die einzige Kirche, die es gibt und an die geglaubt wird, auf jeden Fall und immer auch die sichtbar und rechtlich organisierte Summe der Getauften und im äußeren Bekenntnis des Glaubens sowie im Gehorsam unter dem römischen Papst Geeinten. Und von dieser Kirche kann man eben nicht sagen, sie habe mit den Sünden ihrer Glieder nichts zu tun. Selbstverständlich billigt sie die Sünde nicht; selbstverständlich gibt es in ihr immer auch Menschen (und vielleicht sogar viele), die in irgendeinem wahren, hier nicht weiter zur Erörterung stehenden Sinn als Heilige bezeichnet werden müssen. Aber wenn sie etwas Reales ist, dann ist sie, wenn ihre Glieder Sünder sind und als Sünder Glieder bleiben, eben selbst sündig. Dann ist die Sünde ihrer Kinder Makel und Befleckung des heiligen, geheimnisvollen Leibes Christi selbst. Die Kirche ist eine sündige Kirche – das ist eine Glaubenswahrheit, nicht eine primitive Erfahrungstatsache. Und das ist eine erschütternde Wahrheit.

Dazu ist ein zweites zu bedenken. Wenn das Gesagte wahr ist, dann ist es auch selbstverständlich, daß die amtlichen Vertreter der Kirche, jene Menschen, die ein oberflächliches theologisches Bewußtsein auch der katholischen Laien gern ausschließlich als „die" Kirche betrachtet (als ob die Laien nicht auch „Kirche" wären, als ob sie nur betreutes Objekt der Kirche darstellten, ein Irrtum, den die Kirchenenzyklika Pius' XII. nachdrücklich bekämpft), auch Sünder sein können und es tatsächlich auch in sehr wahrnehmbarem Sinne gewesen sind und sind. Dann ist es aber nochmals um so deutlicher, daß die konkrete Kirche (noch einmal: nur als konkrete ist sie Kirche) sündig ist. Denn es ist selbstverständlich, daß sich solche Sünden nicht nur auf einem Feld des „Privatlebens" solcher Kirchenmänner bewegen, sondern auch sehr wesentlich einfließen können in die konkrete Weise ihres Handelns als amtliche Vertreter der Kirche. Wenn die Kirche handelt, leitet, Entscheidungen fällt (oder nicht fällt, wo sie getroffen werden sollten), wenn sie verkündet, und zwar jeweils den Zeiten und geschichtlichen Lagen entsprechend verkünden soll, dann geschieht dieses Handeln der Kirche nicht durch ein abstraktes Prinzip und nicht durch den Heiligen Geist allein, sondern dieses ganze Handeln der Kirche ist zugleich Handeln von konkreten Menschen. Und da diese eben sündigen können, da sie schuldhaft eng, schuldhaft egoistisch, bequem, eigensinnig, sinnlich, träg sein können, wird sich diese ihre sündige Haltung selbstverständlich auch in jenem Handeln auswirken, das sie *als* Kirchenmänner und im Namen der Kirche als Handlung der konkreten Kirche setzen. Es gibt kein Dogma, nach dem der Beistand des Heiligen Geistes, der der Kirche immerdar bleibt, diesen Einfluß einer Sündigkeit der Männer der Kirchenleitung auf ihr rein privates Leben beschränken würde und ihr keinen Einfluß auf jenes Geschehen gestatten dürfte, das eindeutig als Tun der Kirche bezeichnet werden muß, soll nicht der Begriff der Kirche in ein abstraktes Ideal einer unsichtbaren Kirche verflüchtigt werden. Zwar kann der einzelne Christ, wenn er sich dessen unterfangen zu können glaubt, solche Einflüsse in seinem Gewissen feststellen, er kann auch, wo ihm Sünde geboten würde, ja er *muß* sogar in einem solchen Fall den Gehorsam verweigern, er kann sich aber dort, wo ihm selbst nichts Sündiges befohlen wird, nicht des Gehorsams gegen die Kirche entschlagen (selbst wenn er der Meinung wäre, der Befehl sei wenigstens zum Teil von sündhafter Enge, Rechthaberei und Herrschsucht eingegeben), und er kann vor allem – darauf kommt es ja hier allein an – nicht bestreiten, daß solche Taten der Kirchenmänner Handlungen der Kirche sind. Damit ist aber zugegeben, daß die Kirche in ihrem Handeln sündig sein kann. Daß dies gegen den inneren Antrieb des Geistes geschieht, gegen die immer verkündigten Normen und Gesetze der Kirche, ist selbstverständlich. Aber das ist eben das Große an diesem *Glauben* an die sündige Kirche, daß sie selbst das wirklich tun kann und dennoch (im Gegensatz zu allen menschlichen, von ihrem ursprünglichen Ideal abfallenden Organisationen) die Braut Christi und das Gefäß des Heiligen Geistes, die alleinseligmachende Kirche bleibt, von der man nie unter Berufung auf ihr eigenes Ideal abfallen kann, weil sie angeblich nicht mehr das sei, was sie „einst" (sie war es nie) gewesen war, was sie sein soll und zu sein beansprucht.

Es ist natürlich nicht so, um das gleich hinzuzufügen, als ob die Kirche das reine Paradox einer Einheit von wahrnehmbarer Sünde und verborgener Gnade wäre. Sie ist heilig, weil sie immer in lebensvoller Verbindung mit Christus, der Quelle aller Heiligkeit, steht; sie ist heilig, weil ihre ganze Geschichte mit all ihren Höhen und Tiefen immer in der Kraft ihres Lebensgrundes, des Heiligen Geistes, hindrängt auf jenen letzten der Tage, auf den alle ihre Wahrheit, ihr Gesetz und ihre Sakramente angelegt sind, auf den Tag, da der heilige Gott selbst unverhüllt in seiner Welt erscheinen wird. Sie ist und bleibt unfehlbar, wenn sie unter den hier nicht näher zu bestimmenden Voraussetzungen eine feierliche Glaubensentscheidung trifft. Ihre Sakramente sind von der Würdigkeit ihrer Spender unabhängig, sind von objektiver Gültigkeit und Wirksamkeit: heilig und heiligend. Sie ist (wie wenig ist dieses Wunder der Kraft und Gnade ihres Heiligen Geistes selbstverständlich; aber dieses Wunder geschieht durch alle Jahrhunderte immer neu!), sie ist nie der Versuchung erlegen, die Wahrheit und die

Normen, die ihre sehr menschlichen Verkünder predigen, an die Schwäche und Halbheit der Menschen anzupassen; sie ist zu allen Zeiten in der sündigen Welt für die Heiligkeit Gottes und seines Christus eingestanden, und wenn wir begriffen hätten, wie gern der Mensch seine Grundsätze nach seinen Taten ausrichtet, dann würden wir den ewigen „Widerspruch" zwischen der heiligen Verkündigung und dem menschlichen Leben bei den Predigern des Evangeliums der Kirche nicht so sehr als Ärgernis denn als Erweis der Wirksamkeit des Geistes Gottes in einer heiligen Kirche erkennen. Die Kirche ist auch tatsächlich in so vielen Gliedern von solcher selbst empirisch feststellbarer Heiligkeit, daß sie auch in ihrer äußeren Erscheinung für den Menschen guten Willens, der von der Glaubensgnade erleuchtet wird, ein beständiges Glaubensmotiv und ein unwiderlegliches Zeugnis ihrer göttlichen Sendung an der Stirne trägt. Sie ist wahrhaftig in allen Jahrhunderten in einer gar nicht selbstverständlichen, sondern wunderbaren Weise die ewig fruchtbare Mutter heiliger Menschen, die heilige Kirche, die Braut Christi gewesen, deren jetzige Erscheinung schon dem Glaubenden verheißt, daß sie einmal die Braut sein wird, die ohne Makel und Runzel zur Hochzeit des Lammes eingehen kann – dann, wenn einmal im Lichte des ewigen Lebens offenbar werden wird, was sie unter der Gestalt der Sünderin jetzt schon wirklich *ist*. Aber all das gibt der Kirche und uns als Kindern der Kirche nicht das Recht, sie gleichsam hochmütig und überlegen von der Sünde zu distanzieren, die nicht bloß in der Welt, sondern auch in der Kirche ist, und durch die sie selbst wirklich sündig ist, sündig (auch dort, wo sie viel besser ist als die, die draußen sind) in einer Weise, in der eben nur sie sündig sein kann; denn nur sie kann durch ihre Sünde die ewige Sichtbarkeit Christi in der Welt, die sie ist, entstellen und Christus verbergen – und das vor den Menschen, die ihn auf Tod und Leben suchen müssen.

Wenn es also Heiligkeit *und* Sünde im „Erscheinungsbild" der Kirche gibt (und Kirche ist wesentlich „Erscheinung", geschichtlich greifbar machendes Zeichen der Gnade Gottes in der Welt), dann ist damit natürlich nicht gesagt, daß Sünde und Heiligkeit in der Kirche das gleiche Verhältnis zum verborgenen Wesensgrund der Kirche haben und so in gleicher Weise zur Kirche gehören. Ihre geschichtlich greifbare Heiligkeit ist Ausdruck dessen, was sie ist, was sie unzerstörbar und unverlierbar bis zum Ende der Zeiten bleibt: Gegenwart Gottes und seiner Gnade in der Welt. Die Kirche ist immer mehr als ein Verein, mehr als „Rechtskirche" und Konfessionsorganisation, weil sich mit ihr untrennbar der Heilige Geist Gottes verbunden hat. Und dieser Geist Gottes, in sich selbst verborgen, schafft sich immer wieder neu eine die Welt überführende Sichtbarkeit seiner bleibenden Gegenwart in der greifbaren Heiligkeit der Kirche. In dieser Heiligkeit – nicht in der Sünde! – ist „phänotypisch" die innere Herrlichkeit gegeben, die das unverlierbare Erbe ausmacht, aus dem heraus sich ihre Gestalt bildet. Nie kann – im Gegensatz zu allen anderen geschichtlichen Gebilden mit Einschluß der „Kirche" des Alten Testamentes – diese Leiblichkeit der Kirche so durch Schuld entstellt werden, daß der belebende Geist aus ihr weichen oder in ihr sich nicht mehr geschichtlich sichtbar darstellen könnte. Denn die Macht des Todes wird sie nicht überwältigen (vgl. Mt 16, 18). Die Sünde an der Erscheinung der Kirche hingegen ist zwar wirklich an der Kirche selbst, insofern sie wesentlich „Leib" und geschichtliche Gestalt ist und insofern in *dieser* Dimension Sünde sein kann; denn der existentielle Ursprungsort der Sünde, an dem sie selbst ursprünglich west, das „Herz", liegt ja auch tiefer und verborgener unter der Schicht des Geschichtlichen und Gesellschaftlichen, in die freilich die Sünde sich immer und notwendig hineinvollzieht und in der die Sünde zur Sünde der Kirche wird. Aber diese Sünde in der Kirche ist nicht offenbarender Ausdruck dessen, was die Kirche in ihrer eigenen, lebendigen Wurzel ist, sondern ist dessen verhüllender Widerspruch, ist gewissermaßen exogene Krankheit ihrer Leiblichkeit, nicht endogener Erbschaden der Kirche selbst (wenn die

Sünde auch immer verrät, „was im Menschen ist"). Denn die Schuld streng als solche ist immer ein Widerspruch gegen Gott und seinen Christus, der ohne Sünde die Sünde ausgelitten und überwunden hat, ein Widerspruch gegen den Geist Christi, durch den er seine Braut im Wort des Lebens durch die Wassertaufe geheiligt hat. Die Schuld ist darum auch Widerspruch zu dem, was die Kirche ist. Man kann ja nicht sündigen, damit Gottes Gnade überströmender und heller in Erscheinung trete (vgl. Röm 3, 5; 6, 1), eine Wahrheit, die durch eine heute auch unter Katholiken schleichend verbreitete Sündenmystik dialektischer und gnostischer Art verdunkelt zu werden droht. Und darum ist die Kirche nicht sündig, damit so Gottes Gnade sich überströmender offenbaren könne; die Sünde bleibt Wirklichkeit an ihr, die ihrem Wesen widerspricht; ihre Heiligkeit aber ist Offenbarung ihres Wesensgrundes.

Freilich ist zu diesem Satz gleich noch ein Zweifaches hinzuzufügen, damit die logische Scheidung der Begriffe (die auch Ausdruck der

wirklichen Verhältnisse ist) die dunkle und heil-
bringende Mischung der Wirklichkeit nicht aufzu-
heben scheine. Einmal: in der konkreten Ordnung
des Heiles, deren erstes und letztes Achsenkreuz
eben das Kreuz Christi ist, können auch das Leid
der einmal begangenen Schuld, ihre menschliche
Ausweglosigkeit, die Angst und Trostlosigkeit, die
an ihr ist, das irdische Dunkel, das uns die Schuld
und das aus Schuld folgende Leid oft so ununter-
scheidbar ineinanderfließen läßt, zur Erscheinung
und zum Mitvollzug des Kreuzes Christi in der
Welt werden, kann in Christus die offenbarende
Folge der Sünde zu ihrer Überwindung werden.
Wenn die Kirche an der Sünde leidet, erleidet sie
die Erlösung von ihrer Schuld; denn sie leidet ihre
Schuld in Christus, dem Gekreuzigten, zumal da
die Sünde, soweit sie nicht im verborgenen „Herzen", sondern in der Welt und so in der Kirche ist,
zwar Sünde ist (weil das „Herz" seine eigene Tat,
wenn sie sein soll, immer in die Welt hineinreali-
sieren muß), aber ebensosehr schon Folge der
Sünde ist (weil Leiblichkeit der eigentlichen und

verborgenen Bosheit des Herzens) und, als solche in die Kirche hineinvollzogen, der Kirche gerade die Möglichkeit gibt, sie auszuleiden und zu überwinden. Wenn wir darum der Sünde in der Kirche begegnen, sollten wir dies nicht vergessen. Wir nehmen ja gewöhnlich nicht Ärgernis an der *Sünde* der Kirche, sondern an den *Folgen* dieser Sünden. Wir ärgern uns z. B. meist nicht am „hartherzigen Klerus", weil er liebeleer vor Gott ist, sondern weil er *uns* nichts gibt oder weil sein „Versagen" *unsern* Stolz auf die heilige Kirche, als deren Glieder wir vor den Heiden erscheinen, demütigt und *uns* vor denen „blamiert", die draußen sind. Warum lieben wir die Kirche nicht so, daß wir demütig und schweigend die Schmach ihrer Sünde ausleiden? Das würde sie eher heilig machen als unsere Proteste gegen die Skandale in der Kirche, so angebracht und löblich sie auch oft sein mögen, und sowenig der Protestierende von dem getadelt werden soll, der nicht zuvor auf den Protest hin in sich gegangen ist, seine Schuld bekennt und sich zu bessern bemüht. Zweitens:

wenn die Sünde in der Kirche „bloß" Widerspruch zu ihrem Geist, Verzerrung und Krankheit an ihrem Erscheinungsbild ist, dann wird die Sünde dadurch nicht harmlos. Denn die Kirche soll die Erscheinung der Gnade und Heiligkeit Gottes in der Welt sein, soll Tempel des Heiligen Geistes sein. Die Sünder in der Kirche aber machen diese Gestalt zum Ausdruck der Bosheit ihres Herzens, zur „Räuberhöhle". Diese furchtbare Wahrheit bleibt, sosehr man auch sagen muß, daß Sünde und Heiligkeit an der Gestalt der Kirche nicht dasselbe Verhältnis zu ihrer inwendigen „Wahrheit" haben.

3. In einer noch radikaleren Weise ist die Kirche eine Kirche der Sünder: Sie ist immer auch eine *irrende Kirche*. Es ist das ein Wort, das man kaum auszusprechen wagt. Und doch ist sie es. Es ist so, einfach darum, weil es eine Glaubenswahrheit ist, daß die Sünder zur Kirche gehören. Zunächst freilich muß, damit keine Mißverständnisse entstehen über den Sinn des gemeinten Satzes, dieses gesagt werden: Die Kirche ist die Säule

und Grundfeste der Wahrheit. Sie hat den heiligen Geist der Wahrheit, der sie in alle Wahrheit einführt. Wenn sie, sei es durch ihre ordentliche Lehrverkündigung, sei es durch eine feierliche Glaubensentscheidung, mit der ganzen Kraft ihrer verpflichtenden Lehrautorität etwas als eine Wahrheit der göttlichen Offenbarung verkündet und die innere Glaubenszustimmung der Menschen fordert, dann hat sie das Charisma der Unfehlbarkeit. Natürlich ist auch eine solche Wahrheit ein menschlicher Satz, ist gewordene Wahrheit (das gilt von den Lehrsätzen, so wie es auch vom Wort der Schrift gilt), und wir können auch diesen Wahrheiten gegenüber, weil sie ein Wort, nicht die je viel größere Sache selbst sind, den schmerzlichen Eindruck des Vorläufigen und Unangemessenen haben, den Eindruck, daß wir eben im Glauben und nicht im Schauen wandeln, aber wir wissen bei solchen Wahrheiten, daß sie wahr sind (so schwer es vielleicht sein mag, genau zu sagen, was es denn heißt, „wahr" zu sein), daß, wer sie existentiell lebt, wie sie gesagt sind, an die

Wirklichkeit der Dinge Gottes herankommt, daß ihr Gegenteil gedanklich und existentiell eben falsch ist. Und diese Wahrheit der Kirche und ihre Unfehlbarkeit in der Entscheidung des Glaubens ist wahrhaft so groß und herrlich, daß es als Trost des Menschen im Dunkel des Lebens und als Sicherheit in der Unsicherheit alles menschlichen Wissens durch das, was wir nun sagen wollen, nicht verdunkelt werden darf.

Aber mitten in dieser Herrlichkeit bleibt es eben dennoch auch wahr (und muß darum gesagt werden), daß die Kirche eine irrende Kirche ist, weil sie eine Kirche der Sünder ist. Wir wollen nicht auf die dunkle Frage eingehen, ob ein auch in der Tiefe des Menschen existentiell vollzogener Irrtum (der mehr ist, wie Thomas sagen würde, als nur eine opinio) immer und in jedem Fall auch Schuld bedeutet. Aber umgekehrt können wir sicher sagen: so Schuld ist und soweit eine solche vorhanden ist, wird auch die Erkenntnis des Menschen in Mitleidenschaft gezogen. Nicht als ob jede Schuld immer sofort und zugleich das Licht des Glaubens gänzlich und eindeutig auslöschen müßte. Der Mensch ist so endlich, so pluralistisch in seiner Endlichkeit, daß diese metaphysische Diskrepanz zwischen seiner Erkenntnis und seiner freien Entscheidung – hier zu seinem Heil – gegen den inneren Sinn der letzten Einheit von Wissen und Entscheidung tatsächlich möglich ist. Denn wir wissen aus der Lehre der Kirche, daß es Glaube geben kann ohne Liebe. Aber damit ist nicht ausgeschlossen, daß die Sünde auch verfinsternd und verbiegend auf die Glaubenserkenntnis im einzelnen Menschen zurückwirkt. Und weil es Sünde *in* der Kirche gibt, gibt es darum *in* ihr auch Verfinsterung des Glaubens. Wo Enge des Geistes, wo Selbstsucht der Herzen ist, wo Rechthaberei der Menschen lebt, wo Wortklauberei möglich ist, wo Schulrivalität möglich ist, wo Eigensinn, Hochmut des Geistes, Borniertheit, da kann die Wahrheit und die Einsicht nicht so sein, wie sie sein soll und will. Und solche Dinge sind in der Kirche der Sünder möglich und wirklich. Und darum ist in den Menschen der Kirche Irrtum möglich, Irrtum, den sie für einen Teil ihres Glaubens halten können, Verbiegungen, Verengungen, die sie mit der geoffenbarten und geglaubten Wahrheit unlöslich verbunden halten können. Und weil das konkrete Glaubensbewußtsein der Kirche eben keine mythische Größe oder ein abstraktes Seinsollendes ist, kein Postulat und kein Prinzip, das nur von außen auf die Menschen der Kirche einwirkt (der heilige Geist „glaubt" ja nicht), sondern in concreto im realen Glauben der Menschen der Kirche besteht, darum ist diese Verfinsterung und Verengung des konkreten Glaubens der gläubigen Menschen der Kirche eben ein Irren der konkreten Kirche (denn eine andere gibt es nicht). Und das gilt zunächst einmal von der Kirche als die Gesellschaft und Gemeinschaft der glaubenden Menschen, der „hörenden" Kirche. Es gilt aber auch von der autoritativ glaubenverkündenden Kirche, von der „lehrenden" Kirche. Das Charisma der Unfehlbarkeit kommt beiden „Teilen" der Kirche zu, aber auch beiden nur in einer ganz genau umschreibbaren und begrenzten Weise. Und darum ist auch die lehrende Kirche, dort wo es sich nicht um eine autoritative und endgültige Glaubensvorlage handelt, fehlbar.

Damit soll nun gewiß nicht gesagt werden, daß so ungefähr überall dort, wo die Kirche nicht in dieser letzten Entscheidungskraft von ihrer Lehrautorität Gebrauch macht, Irrtum zu vermuten oder zu präsumieren sei. Das Gegenteil ist zu präsumieren. Und im allgemeinen wird auch tatsächlich das Gegenteil der Fall sein.

Bei der lehrenden Kirche kann sich aber praktisch doch auch die Sündigkeit der Menschen der Kirche deutlich auswirken. Denn auch dort, wo nicht positiv etwas Falsches gelehrt wird, kann sich die sündige Enge (über die schon zur menschlichen Enge unweigerlich gehörende Enge der Erkenntnis und der Einsicht hinaus) der Menschen der Kirche sehr fühlbar auswirken: Jede menschliche Erkenntnis trägt schon unweigerlich eine gewisse Perspektivität an sich, sie ist in der existentiellen Dosierung der Wahrheit (um das Gemeinte einmal so auszudrücken) zufällig und individuell bedingt. Wie deutlich die einzelnen Wahrheiten ins Bewußtsein treten, welche Wirkkraft sie im konkreten Lebensvollzug der Menschen haben, in welcher Form sie gesagt werden müssen, um vom einzelnen Menschen wirklich geistig realisiert und assimiliert zu werden, welches Maß dieser geistige Realisationswille hat, ohne den die Wahrheit vielleicht als Satz an sich richtig bleibt, aber den Menschen nicht in die Wahrheit bringt, diese und ähnliche Dinge sind sehr persönliche Dinge, die immer auch vom individuellen Gesamtverhalten des einzelnen Menschen und der Menschen einer Epoche abhängen, sind Dinge, in denen sich die Sünde der Menschen sehr verheerend auswirken kann, ohne daß man rein logisch und konziliar gesehen einen eigentlichen Irrtum nachweisen kann. Und wer wollte bestreiten, daß in diesem Sinn die Sünde in der Kirche sich oft sehr merklich ausgewirkt hat, daß es Zeiten gegeben hat (und vielleicht auch jetzt gibt), in denen mindestens in diesem Sinn der lebendigen Aneignung bzw. des Mangels an einer solchen die Kirche eine irrende war oder ist? Oder wer wollte leugnen (wenn er an die Wahrheit der Kirche der Sünder glaubt), daß auch das Licht des Evangeliums in der irdenen Lampe der Kirche nicht immer und allen Zeiten so hell geleuchtet hat, wie es Gott von seiner Kirche haben wollte?

II.

Wir kommen zu unserer zweiten Frage: *der sündige Mensch vor der heiligen Kirche der Sünder.* Wir fragen nicht: Warum und in welchem Sinn ist diese Kirche der Sünder doch gleichzeitig die heilige Kirche? Denn diese Frage wurde wenigstens andeutungsweise schon in dem eben Gesagten mitbehandelt. Die andere Frage scheint uns hier wichtiger zu sein, die Frage nämlich, wie wir selbst, die Kinder und Glieder dieser Kirche, mit der Tatsache ihrer Sündhaftigkeit fertig werden. Genauer gesagt: welches muß unsere eigene Haltung sein, damit uns dieses ewige Ärgernis der Kirche nicht zum Ärgernis, sondern zur Auferbauung unseres eigenen Christseins und damit für unsern Teil auch zur Auferbauung der Kirche beiträgt?

Zunächst einmal: diese Kirche in ihrer Konkretheit ist *die* Kirche, die einzige Kirche, die Kirche Gottes und seines Christus, die Heimat unserer Seelen, der Ort, an dem allein wir den lebendigen Gott der Gnade und des ewigen Heils finden. Denn diese Kirche ist mit Christus und dem Geiste Gottes eines – unvermischt, aber ungetrennt. Es gibt aus dieser Kirche keine Flucht, die zum Heil sein könnte. Man kann in seine unverbindliche Privatsphäre flüchten, man kann in eine Sekte oder etwas ähnliches fliehen. Man mag dort weniger von der Sünde, der Enge, dem Skandal belastet und belästigt werden. Man kann dann ein großartiges Alibi besitzen, daß man nichts mit „dieser" Kirche zu tun habe; man ist vielleicht näher bei seinen Idealen, aber näher bei Gott ist man nicht. Man kann auch nicht gegen die konkrete Kirche an ein anderes Ideal Berufung einlegen; denn es gibt nur jenes, das sich ewig mit dieser Kirche vereinigt hat und ewig nur in ihr lebt, und aus dem man selbst herausgefallen ist, wenn man sich zugunsten eines selbstgemachten Ideals von der Einheit dieser Kirche, von ihrer Liebe, ihrem Glauben und ihrem Gehorsam trennt. Man kann nicht sozusagen in einer generatio aequivoca die Kirche neu gründen wollen; denn sie ist für alle Zeiten bis zum Ende der Tage vom einzigen Herrn gegründet. Man kann klagend, weinend, beschwörend und zornig, anklagend und eifernd von ihr zu ihr fliehen, aber man kann nie mit Recht von ihr wegfliehen; man kann sie nie verlassen, ohne im selben Maße auch das zu verlieren, was man vorgibt, retten zu wollen.

Alle noch so hohe Geistigkeit, die die Magdgestalt und die Gestalt der Sünderin an der Kirche nicht mehr erträgt – in Demut und Liebe, mit der Langmut und Geduld Gottes –, entpuppt sich über kurz als Schwarmgeisterei, als das Gespenst jener Geistigkeit, in der der Mensch schließlich in sich selbst verfangen bleibt. Man muß auch den Wahn aufgeben, in der Kirche bleibend „reinlich" scheiden zu wollen zwischen dem „Göttlichen" und dem „Menschlich-Allzumenschlichen" in der Kirche. Wo und soweit die Kirche das selbst tut (und sie ist da wirklich großzügig und ehrlich genug, wenn wir nur genau auf sie hören), da haben wir wahrhaftig das Recht, in Theologie, in kirchlicher Kunst, in Praxis und Leben, in Andachtsweisen und Wegen zu Gott die Freiheit der Kinder Gottes auch für uns in Anspruch zu nehmen, und niemand soll, wie Pius XI. in bezug auf die theologischen Lehrmeinungen sagte, von uns mehr verlangen, als was die eine Mutter aller, die Kirche, von allen wirklich (und nicht nur vermeintlich) verlangt. Je genauer wir diese Kirche, ihr Leben und ihre Lehre kennen, je offener und vorurteilsfreier wir auf ihre Weisungen hören, um so mehr werden wir merken, wie weit diese Kirche ist und wie sehr sie uns von uns selbst befreit in die Weite Gottes hinein, selbst dort, wo sie Grenzen zu ziehen und harte Worte zu sprechen scheint. Wenn wir aber gegen diese Scheidung von Göttlichem und Menschlichem, die sie selbst vornimmt, zu unterscheiden anfangen – wo haben wir den verbürgten Maßstab für diese Scheidung?

Wo die Gewähr, daß wir nicht unserem eigenen engen Geschmack verfallen, daß wir nicht (wenn auch nur in einem bestimmten Bereich) den Heiligen Geist verwerfen, wo wir das Menschliche in der Kirche zu beschneiden und zu reinigen suchen, wo wir glauben, Mißbräuche und Fehlentwicklungen feststellen und beseitigen zu müssen?

Trotzdem: auch bei dieser ersten und grundlegenden Haltung wird der ehrliche Gläubige Sünden und Mängel, Ärgernis und Versagen bei seiner Mutter sehen. Und wenn er wirklich ein Christ ist und wenn sein Auge und Herz an der Unerbittlichkeit des Evangeliums geschult sind, vielleicht mehr als bei anderen Menschen – kann er die Sünden dann ableugnen, soll er sie vertuschen oder verkleinern? Nein. Gewiß wird er als reifer Mensch nicht zu jenen gehören, die triumphierend ihre Objektivität und geistige Freiheit dadurch zu zeigen suchen, daß sie aus allen Winkeln der Vergangenheit und Gegenwart die Skandale der Kirche zusammenkehren und sie bei jeder Gelegenheit vor jedem ausbreiten, der sie hören oder auch nicht hören will. Gewiß wird er Verständnis dafür haben, daß die dunklen Seiten einer großen Geschichte (und das ist die Kirchengeschichte schon rein menschlich gesehen) nicht notwendig der Hauptinhalt einer ersten Geschichtsfibel für Unreife sein müssen. Er wird nicht sagen, es sei Geschichtsfälschung oder Geschichtsklitterung, wenn die Kirchengeschichte nicht zur chronique scandaleuse gemacht wird; denn von allem anderen abgesehen: die Geschichte des Geistes Gottes in der Kirche ist immer noch wichtiger und anziehender als die Geschichte menschlicher Erbärmlichkeit. Aber es wird auch für ihn ein sehr deutlicher dunkler Rest in der Geschichte der Kirche bleiben, und dieses Dunkel wird uns nicht nur begegnen, wenn wir die Geschichte der Kirche studieren, sondern wir werden auch in unserem eigenen Leben mit ihm zu tun haben, gerade dann, wenn wir mit der Kirche leben, und je mehr wir es tun. Wie dieser dunkle Rest auf den einzelnen Menschen wirkt, das hängt natürlich zu einem guten Teil von seinem geistigen Temperament ab.

Aber es ist vielleicht nicht einmal gut, wenn wir zu leicht mit ihm fertig werden.

Was aber, wenn wir die Sünde klar im Antlitz unserer heiligen Mutter Kirche erblicken, wenn uns in den heiligen Hallen des Hauses Gottes das Versagen, die Hohlheit, die Geschäftemacherei, die Herrschsucht, das Geschwätz, die doppelte Buchführung, die Engherzigkeit begegnen – was soll dann unsere Haltung sein? Wir wollen diese Dinge sehen als Menschen, die zutiefst wissen und erfahren haben, daß sie selbst auch Sünder sind. Wenn wir fremde Sünden sehen, vergessen wir so leicht, daß wir nur zu geneigt sind zu beten: „Herr, ich danke dir, daß ich nicht bin wie einer von diesen Sündern da, wie diese selbstgerechten Pharisäer im Hause des Herrn", mit anderen Worten, daß wir auch in der Pose des demütigen Zöllners – Pharisäer sein können. Wenn uns die Sünde in der Kirche zunächst einmal unsere eigene Sünde ins Bewußtsein ruft, wenn sie uns zu unserm eigenen Erschrecken wieder klarmacht, daß ja – ob wir nun Priester oder Laien, mächtige oder

kleine Leute im Reiche Gottes sind – auch *unsere*
Sünden Sünden der *Kirche* sind, daß wir alle unseren Teil zur Armut und Not der Kirche beitra-
gen und daß das auch gilt, wenn diese unsere Sünden in keiner Skandalchronik der Kirche ihren
Platz gefunden haben, dann sind wir in der richti-
gen, nämlich der christlichen Haltung, um die
Sünden der Kirche im rechten Licht zu sehen.
Wir werden vielleicht auch dann, soweit es in unserer Macht und in unserer Pflicht steht, auf-
begehren, klagen, kämpfen und zu bessern suchen;
aber wir werden zuerst über unsere eigenen Sünden weinen, mit denen wir selbst den Sohn Gottes
in seiner Kirche kreuzigen und das Licht seines
Evangeliums für die Welt verdunkeln. Und wir
werden die Schmach der Kirche als unsere eigene
tragen und ausleiden; denn sie ist in Wahrheit die
unsere, weil wir – ob wir wollen oder nicht – zu
ihr gehören und in ihr gesündigt haben. So werden wir des unbegreiflichen und den Kindern der
Welt immer unverständlichen Trostes Gottes froh
werden, daß er uns – jedem von uns – eine Mutter

gegeben hat, deren Sünde vom Erbarmen Gottes umfangen ist, eine Mutter, die Gott in und trotz täglicher Sünde heiligt und begnadigt, die nie ihr Vertrauen setzen kann auf ihre eigene Kraft und Stärke, sondern einzig auf Gottes Erbarmen, das Gnade ist und nicht Verdienst.

Wenn wir die Sünde der Kirche in diesem Lichte sehen, dann wird unser Auge auch immer mehr aufgetan werden für die verborgene und offenbare Herrlichkeit und Heiligkeit dieser unserer Mutter Kirche. Wenn wir davon oft wenig sehen, dann ist es nicht darum, weil wir genau und kritisch und realistisch in die Welt und auf die Kirche blicken, sondern weil unser Auge das Auge eines noch von sich selbst eingenommenen Sünders ist, weil unser Auge blöde und gehalten ist. Wenn wir aber einmal über die Sünde der Kirche und über unsere eigenen Sünden ehrlich geweint haben, wenn es uns in diesem Eingestehen unserer Schuld aufgegangen ist, daß alle wahre Heiligkeit ein Wunder Gottes und Gnade und nicht eine eingebildete Selbstverständlichkeit ist, dann wird dieses in den Tränen der Reue gewaschene Auge hellsichtig werden für das heilige Wunder Gottes an seiner Kirche, das täglich neu wird: daß ihre Hände trotz allem heute wie je von Gnade überfließen, daß sie jetzt und immer die Gnade der Sakramente Christi verwaltet, daß aus ihrem Herzen doch immerdar das Flehen des Geistes und seine unaussprechlichen Seufzer emporsteigen, daß die Engel Gottes immer noch die Gebete der Gerechten dieser Kirche wie Weihrauch emportragen vor den Thron des ewigen Gottes, daß ihr Mund immer noch das Wort des Herrn verkündet, getreu und unerbittlich in der klaren Festigkeit und Eindeutigkeit der Liebe, daß sie in ihrem mütterlichen Schoße immer neu und immer wieder das Leben für ihre Kinder empfängt, daß ihr immer wieder der Geist Gottes Menschen erweckt, die heilig sind – Kinder und Weise, Propheten und verborgene Beter, Helden und Kreuzträger –, daß in ihr immer bis zum Ende der Tage die Erlösung des Herrn geschieht. Und wir werden immer wieder, wenn auch unter Tränen – seien es nun

Tränen der Reue oder Tränen der Freude – beten können: Ich glaube an die heilige Kirche.

Die Schriftgelehrten und Pharisäer – es gibt solche ja nicht nur in der Kirche, sondern überall und in allen Verkleidungen – werden immer wieder „das Weib" vor den Herrn schleppen und sie mit dem geheimen Hochgefühl, daß „das Weib" – Gott sei Dank – doch auch nicht besser ist als sie selbst, anklagen: „Herr, dieses Weib ist beim Ehebruch auf frischer Tat ertappt worden. Was sagst du dazu?" Und dieses Weib wird es nicht leugnen können. Nein, es ist ein Ärgernis. Und es gibt nichts zu beschönigen. Sie denkt an ihre Sünden, weil sie sie wirklich begangen hat, und sie vergißt darüber (wie könnte die demütige Magd anders?) die verborgene und die offenbare Herrlichkeit ihrer Heiligkeit. Und so will sie nicht leugnen. Sie ist die arme Kirche der Sünder. Ihre Demut, ohne die sie nicht heilig wäre, weiß nur von ihrer Schuld. Und sie steht vor dem, dem sie angetraut ist, vor dem, der sie geliebt und sich für sie dahingegeben hat, um sie zu heiligen, vor dem, der ihre

Sünde besser kennt als alle ihre Ankläger. Er aber schweigt. Er schreibt ihre Sünde in den Sand der Weltgeschichte, die bald ausgelöscht sein wird und ihre Schuld mit ihr. Er schweigt eine kleine Weile, die uns Jahrtausende scheint. Und er verurteilt dieses Weib nur durch das Schweigen seiner Liebe, die begnadet und freispricht. In allen Jahrhunderten stehen neue Ankläger neben „diesem Weib" und schleichen immer wieder davon, einer nach dem andern, von den Ältesten angefangen; denn es fand sich nie einer, der selbst ohne Sünde war. Und am Ende wird der Herr mit dem Weib allein sein. Und dann wird er sich aufrichten und die Buhlerin, seine Braut anblicken und sie fragen: „Weib, wo sind sie, die dich anklagten? Hat keiner dich verurteilt?" Und sie wird antworten in unsagbarer Reue und Demut: „Keiner, Herr." Und sie wird verwundert sein und fast bestürzt, daß keiner es getan hat. Der Herr aber wird ihr entgegengehen und sagen: „So will auch ich dich nicht verurteilen." Er wird ihre Stirn küssen und sprechen: „Meine Braut, heilige Kirche."

Nachwort
der Herausgeber

„Kirche der Sünder":
Ursprüngliche und aktuelle Situierung

I.

Romano Guardini (1885–1968) schrieb im Jahr
1922 den programmatischen Satz: „Die Kirche erwacht in den Seelen"[1]. Karl Rahner SJ (1904–
1984) gehört der Generation an, über die dieser
Satz geschrieben worden ist. Über die Jugend-
bewegung Quickborn war ihm der Name Guardini
geläufig. Zwei Jahre vor seinem Abitur hat der
16jährige den großen Inspirator des Aufbruchs
der Jugend wie auch der Liturgischen Bewegung
– „Vom Geist der Liturgie" war 1918 erschienen –
im August 1920 auf dem zweiten Quickborntag

---

[1] R. Guardini, Das Erwachen der Kirche in der Seele. In:
Ders., Vom Sinn der Kirche. Fünf Vorträge (1922). Mainz
⁵1999, S. 19.

auf Burg Rothenfels im Landkreis Main-Spessart (Bayern) erleben können.

„Über das Ja zu konkreten Kirche"[2] hat Karl Rahner noch in den kritischen „68er Jahren" öffentlich werbend geschrieben. Kirchlichkeit ist eine der Leitlinien seiner lebenslangen theologischen Arbeit und seiner persönlichen Ordensexistenz[3].

Um so größer war das Entsetzen über gravierende Makel der Kirche, wie sie Karl Rahner – am 26. Juli 1932 in München zum Priester geweiht – in den ersten Jahren seiner priesterlichen Tätigkeit erlebte, als zur Zeit des Nationalsozialismus in den sogenannten „Sittlichkeitsprozessen" Vertretern der Kirche Fehlhandlungen nachgewiesen wurden[4]. Rahner war nicht blind dafür, dass hier

---

[2] In: Karl Rahner – Otto Semmelroth (Hrsg.), Theologische Akademie. Bd. 6. Frankfurt 1969, S. 9–28; erscheint 2011 in Band 24 der „Sämtlichen Werke". – Die Sämtlichen Werke Karl Rahners (Freiburg 1995 ff.) werden im folgenden nach der ersten vollständigen Nennung mit der Abkürzung SW und der Bandziffer zitiert.

[3] Vgl. U. Bentz, Jetzt ist noch Kirche: Grundlinien einer Theologie kirchlicher Existenz im Werk Karl Rahners. Innsbruck 2008 (Innsbrucker theologische Studien. 80).

[4] Vgl. dazu H. G. Hockerts, Die Sittlichkeitsprozesse gegen

die Taten einzelner politisch instrumentalisiert wurden[5], aber er verschloss auch nicht in blinder Solidarität die Augen vor den tatsächlichen Fehlhandlungen und Verbrechen.

II.

Unter dem Titel „Die Sünde im Heiligtum der Kirche" ist aus diesem Zusammenhang eine Meditation Karl Rahners vor Mitbrüdern zum Teil überliefert. Ort und Zeit sind nicht mehr exakt zu ermitteln. Man darf den Text wohl um 1936/37 ansetzen. Doch die Meditation, die jedenfalls –

---

katholische Ordensangehörige und Priester 1936/1937. Eine Studie zur nationalsozialistischen Herrschaftstechnik und zum Kirchenkampf. Mainz 1971 (Veröffentlichungen der Kommission für Zeitgeschichte bei der Katholischen Akademie in Bayern. 6), S. 9 u. ö.

[5] Vgl. F. Zipfel, Kirchenkampf in Deutschland 1933–1945. Religionsverfolgung und Selbstbehauptung der Kirchen in der nationalsozialistischen Zeit. Berlin 1965 (Veröffentlichungen der Historischen Kommission zu Berlin beim Friedrich-Meinecke-Institut der Freien Universität Berlin. 11), S. 80 f.

wie aus dem Text eindeutig hervorgeht – für einen Kirchenraum vorgesehen gewesen war, zeigt deutlich das Entsetzen Karl Rahners angesichts der Ereignisse. Es heißt da:

„Zu sprechen habe ich heute über die Sünde im Heiligtum der Kirche. Warum ich über dieses Thema heute sprechen muß, sprechen muß mit einem Herzen voll von unsagbarer Bitterkeit und Scham – das brauche ich euch nicht lange zu sagen. Ihr alle kennt den Anlaß. Viel über ihn zu sagen, verbietet der Ort, an dem wir sprechen, denn er ist geweiht der Verkündigung des Evangeliums Jesu Christi, nicht der Verkündigung der Sünden und Verbrechen einzelner Menschen als solcher, verbietet die Heiligkeit des Ortes, an dem nicht mehr, als unbedingt notwendig ist, von dem geredet werden soll, was unter Christen nach des Apostels Wort eigentlich nicht einmal genannt werden sollte, verbietet schließlich die Tatsache, daß wir, ich und auch ihr, über den Anlaß dieses Wortes doch zu wenig wissen, als daß wir darüber – über Anlaß und Umfang – Gründe des Furchtbaren, über seine Heilmittel im einzelnen und besondern heute und in der Öffentlichkeit schon urteilen könnten.

Was wir aber alle wissen und was Anlaß dieses Wortes heute ist, ist klar und furchtbar genug: Die Sünde, große und verbrecherische Sünde ist ins Heiligtum der deutschen katholischen Kirche eingedrungen. Groß und verbrecherisch ist diese Sünde, weil sie derart ist, daß sie selbst noch der moderne Mensch mit vollem Recht mit Zuchthaus bestraft, noch furchtbarer ist sie, weil sie begangen wurde von Menschen, die, kenntlich schon durch ihr Kleid, sich feierlich Gott geweiht haben und nun das Gelübde der unversehrten Reinheit des Leibes und der Seele schmählich gebrochen haben, am furchtbarsten, weil sie, auch wenn wir vor jeder Übertreibung uns hüten müssen, in einem Umfang geschah, wie wir sie nur in den dunkelsten Zeiten der Kirche für möglich hielten, in Zeiten, die wir endgültig überwunden glaubten, weil sie geschah, zum

Teil, von Dienern des Heiligtums und so eintrat in das Heiligtum, von dem es heißt: Zieh die Schuhe von den Füßen, denn der Ort, an dem du stehst, ist heilig.

Scham und Bitterkeit erfüllt darum in dieser Stunde mein Herz. Was hilft es mir in dieser Stunde, wenn ich nach dem Zeugnis meines Gewissens ehrlich sagen kann, ich habe keinen Teil an dieser Besudelung der Kirche, des Heiligtums meines Gottes, dem ich diene Tag und Nacht mit lauterem Gewissen. Was hilft mir das in dieser Stunde? Die solches begingen, sind meine Brüder – sie waren Diener des gleichen einen Herrn, sie haben gelobt, was ich gelobt, es gibt unter ihnen selbst solche, die wie ich durch des Bischofs Handauflegung geweiht wurden zu Ausspendern der Geheimnisse Gottes. So trifft ihre Schmach auch mich. Geschändet stehe ich vor euch, meine Brüder, und es bleibt mir nur eines: weinend die Barmherzigkeit meines Gottes anzuflehen, daß, was meine nächsten Brüder getan, auch nicht zum ewigen Schaden der Seele gereiche, auch über deren Seele Gott von seinen Priestern strenge Rechenschaft fordern wird.

Scham und Bitterkeit erfüllt mein Herz. Denn ich bin Priester. Und mir ist meine Kirche besudelt, sie, der ich Jugend und Kraft, Arbeit, Liebe, Leben und Sterben geweiht habe, besudelt von denen, die doch wohl einst wie ich in besseren Tagen dasselbe wollten.

Scham und Bitterkeit erfüllt mein Herz. Denn ich bin Deutscher. Und mir ist vor den Augen der Welt die Kirche besudelt, die ein Drittel des deutschen Volkes ihre Kirche nennt, besudelt von Menschen, die auch einmal Deutsche hießen, und jetzt – obzwar dieses Namens unwürdig – als solche vor aller Welt in allen Blättern als Verbrecher dastehen, bei denen es nicht mehr möglich erschien, ihre Schmach mit stillem hartem Recht im Geheimen zu begraben, damit ihre blutrote Schuld nicht falle auf die katholische Kirche unseres deutschen Vaterlandes."[6]

---

[6] Das handschriftliche Manuskript im Umfang von 9 1/2,

Der theologische Teil dieser Meditation liegt vor: Die Kirche ist eine Kirche der Sünder, aber sie ist als solche auch die heilige Kirche[7]. Die Folgerungen, die Karl Rahner damals zog, sind nicht überliefert. Der Text ist hier ausführlicher zitiert, weil er den Hintergrund andeutet, auf dem der Jesuit sich zeitlebens mit diesem Thema befasst hat.

III.

Der im vorliegenden Bändchen abgedruckte Text „Kirche der Sünder" ist die zweite Veröffentlichung Karl Rahners in der Nachkriegszeit. Es ist naheliegend, den Grund in der Betroffenheit über diese Erfahrung der Sünde in der Kirche zu suchen. Dazwischen liegt ein schwierige Zeit für den Jesuiten: Die Aufhebung der Theologischen

---

einseitig beschriebenen Seiten ist aufbewahrt im Karl-Rahner-Archiv, München: KRA I, B, 151; zitiert wird hier S. 1 f.
[7] Vgl. ebd., S. 5: „Heilig ist die Kirche, weil sie auch heute wie immer das heilige Evangelium Jesu Christi unentwegt verkündet."

Fakultät (Juli 1938) und des Jesuitenkollegs in Innsbruck (Oktober 1938) durch die Nationalsozialisten[8]; die Arbeit im Wiener Seelsorgeamt in der Priesterfortbildung (1939–1944)[9]; eine erweiterte Wahrnehmung der gesellschaftlichen Realität durch den Fortfall schützender Institutionen; auch innerkirchliche Diskussionen und die notwendige Interpretation kirchlicher Dokumente und anderes mehr.

Ekklesiologische Fragen hatten Karl Rahner in seiner Wiener Zeit aus verschiedenen Gründen beschäftigt. Unter den aktuellen kirchlichen Verlautbarungen spielte die Enzyklika Papst Pius' XII.

---

[8] Vgl. A. R. Batlogg, Karl Rahner in Innsbruck. Aus der Wissenschaftsbiographie eines Jesuitengelehrten – zugleich ein Stück Fakultätsgeschichte, in: Zeitschrift für Katholische Theologie 129 (2007), S. 397–422, bes. 401–405; ders., Die Theologische Fakultät Innsbruck zwischen „Anschluß" und Aufhebung (1938), in: Zeitschrift für Katholische Theologie 120 (1998), S. 164–183.

[9] Vgl. A. R. Batlogg, In die Pflicht genommen: Im Wiener Seelsorgeamt, in: ders. – P. Rulands – W. Schmolly – R. A. Siebenrock – G. Wassilowsky – A. Zahlauer, Der Denkweg Karl Rahners. Quellen – Entwicklungen – Perspektiven. Mainz [2]2004, S. 144–157.

„Mystici corporis Christi" (1943) eine wichtige Rolle. Karl Rahners Überlegungen zum allgemeinen Heilswillen Gottes – ein wichtiges Thema schon seiner ersten Gnadenvorlesung als neuer Dozent in Innsbruck (1937/38)[10] –, die hier im Kontext eines Dokuments besprochen werden, das auf den ersten Blick die Heilsmöglichkeit auf die Mitglieder der römisch-katholischen Kirche einzuschränken scheint, legen wichtige Grundlagen für das, was später mit der plakativen Bezeichnung des „anonymen Christen" ausgedrückt wird: die Heilsmöglichkeit eines jeden Menschen. Die Enzyklika formuliert aber bereits deutlich das Thema der Sünder in der Kirche (vgl. DH 3803) und kann als einer der Anstöße zu Karl Rahners Überlegungen genannt werden[11].

---

[10] Vgl. R. A. Siebenrock, Gnade als Herz der Welt. Der Beitrag Karl Rahners zu einer zeitgemäßen Gnadentheologie, in: Mariano Delgado – Matthias Lutz-Bachmann (Hrsg.), Theologie aus der Erfahrung der Gnade. Annäherungen an Karl Rahner. Berlin 1994, S. 34–71. – Die Gnadenvorlesung K. Rahners wird in SW 5 erscheinen.
[11] Vgl. K. Rahner, Die Gliedschaft in der Kirche nach der Lehre der Enzyklika Pius' XII. „Mystici Corporis Christi",

Man muss wohl Karl Rahners Wahrnehmung der gesellschaftlichen Wirklichkeit durch die Wiener Zeit als geschärft ansehen. Seine erste Nachkriegsveröffentlichung fragt nach dem Einzelnen in der Kirche und geht in das Bändchen „Gefahren im heutigen Katholizismus" (1950) ein[12]. In diesen Kontext gehört auch der Blick auf die konkrete kirchliche Wirklichkeit, deren dunkle Seiten Karl Rahner trotz seiner ausgeprägten Kirchenfrömmigkeit nicht verdrängt hat.

Der Aufsatz „Kirche der Sünder" wurde ab 1946 mehrfach als Vortrag gehalten[13]. Zunächst in den „Stimmen der Zeit" (Juni 1947) unter dem Titel „Die Kirche der Sünder"[14] veröffentlicht,

---

in: Ders., Schriften zur Theologie. Bd. 2. Einsiedeln 1955, S. 7–94; jetzt in: K. Rahner, Sämtliche Werke. Bd. 10: Kirche in den Herausforderungen der Zeit. Studien zur Ekklesiologie und zur kirchlichen Existenz. Bearbeitet von J. Heislbetz u. A. Raffelt. Freiburg 2003, S. 3–71.

[12] Jetzt in: SW 10, S. 99–142.

[13] Vgl. die Informationen im Editionsbericht, ebd., S. IX–XXV, hier XV. – Demnach hat K. Rahner den Vortrag zu Pfingsten 1946 vor Akademikern sowie am 6. Oktober 1947 an der Universität München und am 20. Februar 1948 im Bildungswerk Reichenhall gehalten.

[14] Original in: KRA I, A, 35.

wurde er ein Jahr später zwei Mal auch als selbständige Schrift nachgedruckt[15]. Im vorliegenden Bändchen kommt die Fassung aus den „Sämtlichen Werken" (SW 10, S. 82–98) zum Abdruck, wobei der Text „Irrende Kirche" dem Manuskript und seiner Nummerierung entsprechend in „Kirche der Sünder" integriert wurde.

Der „Sonderdruck" aus den „Stimmen der Zeit" (geheftet im Kleinoktavformat, 31 Seiten) weist auf der Impressum-Seite sowohl ein Imprimatur des Freiburger Weihbischofs Wilhelm Burger (19. Mai 1948) auf wie auch den Vermerk: „G. M. Z. F. O. Visa N° 4809/Rc de la Direction de l'Education Publique. Autorisation N° 4503 de la Direction de l'Information". Hinter diesen Angaben verbirgt sich die Erlaubnis der französischen Besatzungsbehörden („Gouvernement militaire"), die das Papier zuteilen mussten. Wolfgang Seibel SJ, von 1966 bis 1998 Chefredakteur der „Stim-

---

[15] K. Rahner, Die Kirche der Sünder. Freiburg 1948 (Sonderdruck aus „Stimmen der Zeit") bzw. Kirche der Sünder. Wien 1948 (Kleine Texte zur Theologie und Seelsorge. 7).

men der Zeit", weiß ein amüsantes Detail aus der „oral history" der Zeitschrift zu berichten: Die Redaktion habe 1948 vom Verlag in Freiburg die kurze Mitteilung erhalten: „‚Kirche der Sünder' genehmigt". Diese Information war für die Dame auf dem Telegraphenamt offenbar derart unverständlich, dass sie den Vermerk dazufügte: „Wurde so übermittelt"[16].

In die ersten Bände seiner „Schriften zur Theologie" hat Karl Rahner den Text zunächst nicht aufgenommen. Er wies aber in Band 1 beim „Aufriß einer Dogmatik" („Die Kirche der Sünder: die irrende Kirche / die sündige Kirche") selbst auf die niederländische Ausgabe hin[17]: „Hier in der flämischen Ausgabe ist auch genauer gesagt, was (und in welchen Grenzen) gemeint ist, wenn von der ‚irrenden Kirche' die Rede ist."[18]

---

[16] Persönliche Mitteilung an die Herausgeber vom 11. Oktober 2010.
[17] Kerk der zondaren / Ingeleid door Prof. Dr. P. F. Fransen SJ. Übersetzt v. J. van Hulsen SJ. Antwerpen 1951 (Logosreeks. 6).
[18] K. Rahner, Versuch eines Aufrisses einer Dogmatik, in:

Der Vergleich zeigt, dass diese Ausgabe einen eigenen Abschnitt „Irrende Kirche" enthält, von dem der Herausgeber Piet Fransen SJ (1913–1983) dort schreibt, dass er aus Platzgründen („wegens plaatsgebreks") nicht in den „Stimmen der Zeit" publiziert worden sei. Man wird diese Begründung bezweifeln dürfen. In die „Schriften zur Theologie" wird der Text „Kirche der Sünder" – ohne dieses Kapitel – erst 1965 in Band 6 aufgenommen[19], nun zusammen mit dem Aufsatz „Sündige Kirche nach den Dekreten des Zweiten Vatikanischen Konzils"[20], womit das Thema lehramtlich verortet worden war, wenn auch in vorsichtiger Form und gewiss nicht mit der Deutlichkeit, die auf dem Konzil von einzelnen Bischöfen und Theologen gefordert war.

---

ders., Schriften zur Theologie. Bd. 1. Einsiedeln 1954, S. 9–47, hier 43, Anm. 1.

[19] Einsiedeln 1965, S. 301–320.

[20] Ebd., S. 321–347 (vorgesehen für SW 21). – Vgl. gründlich zu diesem Thema M. Becht, Ecclesia semper purificanda. Die Sündigkeit der Kirche als Thema des II. Vatikanischen Konzils. In: Catholica 49 (1995), S. 218–237, 239–260.

Der Aufsatz „Kirche der Sünder" geht auch gründlich das Neue Testament – das Klischee von der „Bibelferne" Karl Rahners beruht auf einem Gerücht, das dort entsteht, wo die literarischen Genera seines Schrifttums nicht deutlich gesehen werden – und liturgische Texte durch, die unbefangener als die traditionelle Schultheologie mit dem Thema umgehen. Doch Karl Rahner bleibt nicht bei der Alltagserfahrung stehen, dass es in der Kirche Unzureichendes und Sündiges gibt. Er nennt anderseits auch die Positionen in der Kirchengeschichte, die den Skandal der Sündigkeit zu Lasten der Großkirche sektenhaft aufheben wollten wie auch die Reformbewegungen mit ihren unterschiedlichen Ansätzen. Gleichzeitig weist er auf die „nota ecclesiae": die Wesenseigenschaft der Heiligkeit der Kirche hin. Er spitzt die Frage dahin zu, dass er nicht „die Stimme der empörten Menschheit", sondern „das Selbstzeugnis der Kirche von ihrer eigenen Unheiligkeit" vernehmen will.

IV.

Karl Rahner steht mit dieser Fragestellung in jenen Jahren nicht allein. Es sei vor allem auf Yves Congar OP (1904–1995)[21] und auf den Vortrag und späteren Aufsatz von Hans Urs von Balthasar (1905–1988) „Casta meretrix" hingewiesen[22]. In den folgenden Jahren – noch vor dem Zweiten Vatikanum – haben andere die Fragestellung aufgenommen, darunter Joseph Ratzinger[23].

---

[21] Y. Congar, Heiligkeit und Sünde in der Kirche, in: Dokumente 4 (1948), S. 531–544, 610–618; ders., Die Heilige Kirche, in: Mysterium Salutis, Bd. IV/2. Einsiedeln 1972, S. 458–502, bes. 468–471 („Sünde und Versagen in der Kirche").
[22] H. U. v. Balthasar, Sponsa verbi. Skizzen zur Theologie. Bd. 2. Einsiedeln ³1971, S. 205–305. – Der Text geht auf Wiener Vorträge von 1948 zurück. Er verdankt Wesentliches u. a. der Arbeit von H. Riedlinger, Die Makellosigkeit der Kirche in den lateinischen Hoheliedkommentaren des Mittelalters. Münster 1958 (Beiträge zur Geschichte der Philosophie und Theologie des Mittelalters. 38,3).
[23] Vgl. etwa J. Ratzinger, Freimut und Gehorsam. Das Verhältnis des Christen zu seiner Kirche (1962), in: ders., Das neue Volk Gottes. Entwürfe zur Ekklesiologie. Düsseldorf 1969, S. 249–266; jetzt in: J. Ratzinger, Gesammelte Schriften. Bd. 8: Kirche – Zeichen unter den Völkern. Schriften zur Ekklesiologie und zur Ökumene. Freiburg 2010, S. 448–467; ders., Kritik an der Kirche? Dogmatische Be-

Karl Rahner seinerseits hebt hervor, dass die Tatsache der „Sünder in der Kirche" eine Glaubenslehre ist, nicht lediglich eine empirische Beobachtung. Die Kirche hat diese Aussage im Laufe ihrer Geschichte gegen verschiedene Fronten verteidigen müssen, und Papst Pius XII. – für Karl Rahner die aktuelle Gegenwart – hat dies in seiner Kirchenenzyklika wiederholt. Anderseits ist nach derselben Enzyklika „Mystici corporis'" (1943) die Kirche nicht nur eine rechtlich verfasste gesellschaftliche Organisation, sondern „der lebendige Leib Christi, belebt vom Heiligen Geist Gottes", dem Geist, den der Sünder nicht besitzt. Sie hat sakramentale Struktur, ja sie ist das „Ursakrament"[24]. Damit ist die Fragestellung von dieser Seite her zugespitzt.

Sie wird es noch stärker im nächsten Punkt, in dem Karl Rahner von der sündigen Kirche spricht:

---

merkungen. Kirche der Heiligen – Kirche der Sünder, in: Test. Zeugnisse studentischer Sozialarbeit 3 (1962), S. 22–25; jetzt in: Gesammelte Schriften 8, S. 482–494.

[24] In späteren Texten reserviert K. Rahner diesen Begriff für Christus und spricht stattdessen von „Grundsakrament".

Nur ein idealistisches Kirchenbild könnte leugnen, dass die Sündigkeit in der Kirche mit der „eigentlichen" Kirche nichts zu tun habe. Er formuliert und appliziert den Gedanken plakativ: „Es gibt kein Dogma, nach dem der Beistand des Heiligen Geistes, der der Kirche immerdar bleibt, diesen Einfluss einer Sündigkeit der Männer der Kirchenleitung auf ihr rein privates Leben beschränken würde".

Es ist hier der Rahnersche Aufsatz nicht nochmals darzustellen. Karl Rahner differenziert sorgfältig Sünde *und* Heiligkeit im Erscheinungsbild und Wesen der Kirche, ihren unterschiedlichen Rang und ihre unterschiedliche Zuordnung. Er vermeidet das reine Paradox, zu dem die Beobachtung beider führen könnte. Das ist im einzelnen im Text nachzulesen.

In einer Situation wie der unseren, über sechzig Jahre später, in der Fehler und sogar Verbrechen einzelner in der Kirche – auch Fehler der amtlichen Führer der Kirche in der Öffentlichkeit – breit dargestellt werden, ist der Rahnersche Text

aber auch in anderer Weise hilfreich: Auch wenn
es Möglichkeiten der Relativierung gibt – die Taten von Kirchenmitgliedern und mögliche Fehler
der Kirchenleitung sind statistisch weniger gravie-
rend, als sie durch den herausgehobenen Anspruch
der Kirche und die Reaktion der öffentlichen Meinung wirken –, so liegt darin sicher nicht die richtige Reaktion auf das Phänomen „Sünde in der
Kirche / sündige Kirche".

Karl Rahner hat hier wieder eine offene
Wahrnehmung auf die Wirklichkeit. Es gibt kein
Vertuschen. Die Sündigkeit der Kirche ist aber
zunächst auch die eigene Sündigkeit. Die Sprache
Karl Rahners wird hier pathetisch, wenn er davon schreibt, wie das „in den Tränen der Reue
gewaschene Auge hellsichtig werden [wird] für
das heilige Wunder Gottes an seiner Kirche, das
täglich neu wird: daß ihre Hände trotz allem
heute wie je von Gnade überfließen, daß sie jetzt
und immer die Gnade der Sakramente Christi
verwaltet …".

Der Text führt so zur Selbstbesinnung. Und

er endet mit einer biblischen Meditation von Joh 8,3–11, der Perikope von Jesus und der Ehebrecherin: „In allen Jahrhunderten stehen neue Ankläger neben ‚diesem Weib' …". In den berührenden Bemerkungen ist die Schuld der Schuldiggewordenen angesprochen, erinnert wird aber auch an das barmherzige Handeln Jesu – eine Tatsache, die in aktuellen hitzigen Debatten leicht übersehen wird. Und genau damit schließt der 1947 publizierte Text.

V.

Der in der Erstpublikation ausgelassene Absatz über die irrende Kirche ist in seiner praktischen Bedeutsamkeit in mehreren Konflikten der Nachkonzilszeit deutlich geworden, etwa den Diskussionen um die Enzyklika „Humanae vitae" (Juli 1968) zur Frage der Geburtenregelung. Karl Rahner ist auch hier kein „Kirchenrebell". Er hat lehramtlichen Äußerungen immer den geschuldeten

Respekt entgegengebracht und die Amtsträger nicht verunglimpft, wenn er anderer Meinung war[25], wie es leider in den heftigen Diskussionen durchaus geschehen konnte. Aber ebenso klar hat er die Relativität auch kirchenamtlicher Aussagen und die Tragweite der Äußerungen zu bestimmen versucht, wofür es ja auch in der klassischen „Schultheologie" Instrumentare gibt wie die „theologischen Qualifikationen", deren konsequente Anwendung bei lehramtlichen Äußerungen den Verfassern nicht immer genehm war[26]. Die lehramtliche Aufnahme des Themas ist zumindest im deutschsprachigen Bereich deutlich durch das „Schreiben der deutschen Bischöfe an alle, die mit der Glaubensverkündigung beauftragt

[25] Vgl. A. R. Batlogg, Gotteserfahrung und Kirchenkritik bei Karl Rahner, in: Mariano Delgado – Gotthard Fuchs (Hrsg.): Die Kirchenkritik der Mystiker. Prophetie der Gotteserfahrung. Bd. 3: Von der Aufklärung bis zur Gegenwart. Stuttgart 2005, S. 371–401.
[26] Das betrifft durchaus viele Themenfelder, bei denen es nicht um Schuld und Versagen geht.

sind" vom 22. September 1967 gegeben[27], das wesentlich von Karl Rahner mitgeprägt wurde[28].

Wie wichtig das Thema „Sündige Kirche" für Karl Rahner geblieben ist, zeigt auch seine Stellungnahme auf der 7. Vollversammlung der Gemeinsamen Synode der Bistümer in der Bundesrepublik Deutschland, wo in einem Antrag gefordert worden war, die Bezeichnung „sündige Kirche" aus dem Dokument „Unsere Hoffnung", dem Bekenntnistext der Synode, herauszunehmen:

„Ich möchte der Synode die Beibehaltung des Wortes *sündige Kirche* empfehlen. Dieses Wort ist vielleicht nicht das allerüblichste in der kirch-

---

[27] Trier 1967; später in: Dokumente der Deutschen Bischofskonferenz. Bd. 1: 1965–1968. Köln 1998, S. 325–350; leicht zugänglich auch in: Theologie und Kirche. Dokumentation, hrsg. v. Sekretariat der Deutschen Bischofskonferenz. Bonn 1991 (Arbeitshilfen. 86), S. 15–41 (vgl. auch NR 468–469).
[28] Vgl. auch K. Rahners Aufsatz „Disput um das kirchliche Lehramt" (1970), jetzt in: K. Rahner, Sämtliche Werke. Bd. 22/2: Dogmatik nach dem Konzil. Theologische Anthropologie und Ekklesiologie. Bearbeitet von A. Raffelt. Freiburg 2008, S. 455–464.

lichen Sprache, ist aber theologisch durchaus richtig. Denn wenn wir aus der Kirche nicht ein Abstractum machen, das über den Menschen schwebt, wenn die Kirche wirklich die Kirche aus Menschen und durch Menschen ist, und wenn diese Menschen sündigen, und wenn auch Amtsträger, und zwar in ihrem Amt als Repräsentanten der Kirche, sündigen können und schon tausendmal gesündigt haben, dann ist das Wort von der sündigen Kirche natürlich einfach richtig, eine simple, selbstverständliche Wahrheit. Ich sehe nicht ein, warum man eine solche selbstverständliche Wahrheit irgendwie kaschieren oder in den Hintergrund drängen muß.

Selbstverständlich ist ein theologisches Problem gegeben, wie die ‚heilige‘ Kirche gleichzeitig die Kirche der Sünder und eine sündige Kirche sein kann. Aber darauf braucht die Vorlage selbstverständlich nicht einzugehen. niemand leugnet, daß die beiden Prädikate ‚heilig‘ und ‚sündig‘, die sich natürlich auch nach dem Ersten Vaticanum auf die Menschen und nicht nur auf die abstrakten, grundsätzlichen Institutionen und Sakramente beziehen, natürlich nicht genau den gleichen theologischen Rang haben. Darüber braucht aber in der Vorlage nicht gesprochen zu werden. Diese Differenz ist nicht geleugnet und auch nicht vertuscht worden.

Ich meine, wir sollten diesen Begriff ‚*sündige Kirche*‘ ruhig stehenlassen, uns zu ihm bekennen; denn wir sind die armen Sünder, die die Kirche de facto zu einer sündigen Kirche machen."[29]

Die Synode hat sich diesem Votum angeschlossen[30].

---

[29] Gemeinsame Synode der Bistümer in der Bundesrepublik Deutschland. 7. Vollversammlung. Protokoll 7.–11. Mai 1975, S. 36 f.

[30] Vgl. Unsere Hoffnung. Ein Bekenntnis zum Glauben in dieser Zeit, in: Gemeinsame Synode der Bistümer in der Bundesrepublik Deutschland: Beschlüsse der Vollversammmlung. Offizielle Gesamtausgabe. Bd. 1. Freiburg 1976, S. 71–11, hier 102.

VI.

Es ist eine lange Wegstrecke von Karl Rahners Erschrecken über Missbrauchsfälle in der Kirche der 30er Jahre bis zu seiner Aufforderung an die Synodalen der Gemeinsamen Synode in Würzburg 40 Jahre später, das Thema nicht auszumerzen. Aber sein nun rund 65 Jahre alter Vortrag und Aufsatz über die „Kirche der Sünder" ist immer noch aktuell. Wie könnte es anders sein, wenn man nicht ein idealistisches Kirchenbild vor Augen hat, das – wie Karl Rahner schreibt – schon eine Gefährdung der frühen Kirche war?

Der Sinn des Aufsatzes liegt aber nicht in der letztlich banalen Feststellung, dass in der Kirche „auch nur Menschen" tätig sind. Er liegt im Aufruf, durch die „Runzeln und Makeln" hindurch das Wirken des Geistes Gottes zu sehen und sich zu öffnen für sein Walten.

Das Kirchenbild einer ganzen Generation war einmal geprägt durch die „Hymnen an die Kirche", die Gertrud von Le Fort im Jahr 1924, zwei

Jahre vor ihrer Konversion, verfasst hatte[31]; Paul Claudel nannte sie „großartige Verse". 20 Jahre später, im November 1946, veröffentlichte Ida Friederike Görres ihren leidenschaftlichen „Brief über die Kirche"[32], der damals trotz eines klärenden Vorspanns von Eugen Kogon und Walter Dirks als Programmschrift der sich formierenden „Linkskatholiken" (miß-)verstanden wurde – Rahners Aufsatz wurde damals von manchen als Antwort darauf angesehen, was aber schon von der Entstehung her zeitlich nicht stimmen kann. In dem fiktiven Schreiben an einen nichtkatholischen Akademiker waren Missstände im Klerus schonungslos angeprangert: schlampige Predigten, unandächtige Feier der Liturgie, Probleme mit dem Zölibat, bürgerlicher Lebensstil, Hartherzigkeit und Gleichgültigkeit in der Seelsorge – dies allerdings eingebunden in das Bekenntnis der Liebe zur Kirche: „Weil sie die Wahrheit trägt"[33].

---

[31] München 1924 (Theatiner-Drucke. 4) ([22]1990).
[32] Frankfurter Hefte 1 (1946), S. 715–733.
[33] I. F. Görres, Brief über die Kirche, S. 727.

Die „Sünden der Priester" werden immer und zu jeder Zeit auf ihre Weise Anlass geben für Kritik. Sexueller Missbrauch und sexualisierte Gewalt an Minderjährigen und Schutzbefohlenen sind Verbrechen. Sie verdunkeln andere Dimensionen der Kirche, die nicht vergessen werden dürfen: Kirche ist auch Mysterium. Kirche ist mehr als ihr Erscheinungsbild. Kirche ist vielen Menschen nach wie vor Heimat – auch wenn einem heutzutage das „Haus voll Glorie" weniger leicht über die Lippen geht, weil Kirche so (triumphalistisch) einfach nicht mehr empfunden und erlebt wird. Nicht zuletzt muss an den Bußgottesdienst im Petersdom zu Rom am ersten Fastensonntag des Jahres 2000 erinnert werden, bei dem unter Anwesenheit von Johannes Paul II. nach einem einleitenden Gebet des Papstes und einem allgemeinen Schuldbekenntnis sechs Kardinäle nacheinander verschiedenste Verfehlungen der Kirche in ihrer 2000jährigen Geschichte bekannten. Trotz vorsichtiger Formulierungen wurde damals deutlich, dass nicht nur Sünden einzelner Glieder der

Kirche zu beklagen sind, sondern dass man von den Sünden der Kirche sprechen kann[34].

Das eingangs zitierte, Karl Rahner von Jugend an vertraute Wort Romano Guardinis kann so etwas wie eine Aufforderung sein: „Ein Vorgang von unabsehbarer Tragweite hat eingesetzt: Die Kirche erwacht in den Seelen." Sie ist immer beides zugleich: Kirche der Sünder, wie sie schmerzlich und beschämend erlebt wird[35], aber eben auch Kirche der Heiligen – also Kirche von Menschen, die im Wissen um ihre Erlösungsbedürftigkeit zu exemplarischen Menschen heranreifen können. Karl Rahner hat beide Dimensionen gesehen und theologisch reflektiert.

Andreas R. Batlogg SJ / Albert Raffelt

---

[34] Darauf weist G. L. Müller hin in seinem Vorwort zum Dokument der Internationalen Theologenkommission: Erinnern und Versöhnen. Die Kirche und die Verfehlungen in ihrer Vergangenheit. Freiburg 2000 (Neue Kriterien. 2), S. 13.

[35] Vgl. J. Sobrino, Überheblichkeit und Demut. Anmerkung zum gegenwärtigen Zustand der Kirche, in: Concilium 46 (2010) 478–484.